EL FLAMENCO

POR KATE RIGGS

CREATIVE EDUCATION • CREATIVE PAPERBACKS

Publicado por Creative Education
y Creative Paperbacks
P.O. Box 227, Mankato, Minnesota 56002
Creative Education y Creative Paperbacks son marcas
editoriales de The Creative Company
www.thecreativecompany.us

Diseño de The Design Lab
Producción de Chelsey Luther and Rachel Klimpel
Editado de Alissa Thielges
Dirección de arte de Rita Marshall
Traducción de TRAVOD, www.travod.com

Fotografías de Alamy (Avalon.red, blickwinkel,
Jonathan Ross, Martin Harvey, Nature Picture Library,
Francois Loubser), Depositphotos (vencav), Dreamstime
(Derek Burke, Notweston), National Geographic
(Klaus Nigge), Shutterstock (kuponjabah), SuperStock
(Biosphoto, Minden Pictures)

Library of Congress Cataloging-in-Publication Data
Names: Riggs, Kate, author.
Title: El flamenco / by Kate Riggs.
Other titles: Flamingos. Spanish
Description: Mankato, Minnesota: Creative Education
and Creative Paperbacks, [2023] | Series: Planeta
animal | Includes index. | Audience: Ages 6–9 |
Audience: Grades 2–3
Identifiers: LCCN 2021061062 (print) | LCCN
2021061063 (ebook) | ISBN 9781640266711
(library binding) | ISBN 9781682772270 (paperback)
| ISBN 9781640008120 (ebook)
Subjects: LCSH: Flamingos—Juvenile literature.
Classification: LCC QL696.C56 R54418 2023 (print) |
DDC 598.3/5–dc23/eng/20211223
LC record available at https://lccn.loc.
gov/2021061062
LC ebook record available at https://lccn.loc.
gov/2021061063

Tabla de contenidos

Los flamencos son aves coloridas. Los flamencos del Viejo Mundo viven en África y partes de Asia y Europa. Los flamencos del Nuevo Mundo se encuentran en las Américas. Muchos flamencos viven cerca de **lagos de soda** o alcalinos.

lagos de soda masas de agua que son muy saladas y se secan cuando no llueve

Los flamencos tienen patas y cuellos largos. Sus plumas son impermeables. Tienen membranas entre los dedos de las patas. Muchos son rojos, anaranjados o rosados. Los andinos tienen cuerpos de color rosa pálido y tienen patas amarillas. Otros tienen patas rosada o anaranjadas.

Las patas palmeadas ayudan a los flamencos a caminar sobre suelo arenoso y húmedo.

Los flamencos más grandes pesan hasta 9 libras (4 kg). Cuando extienden sus alas, pueden alcanzar los 5,5 pies (1,7 m.). Los flamencos más pequeños pesan alrededor de 3,5 libras (1,6 kg).

El flamenco más grande puede tener el doble del tamaño del flamenco más pequeño.

Los flamencos viven en lugares cálidos y acuosos. Sus largas patas les ayudan a caminar por aguas poco profundas. A menudo descansan sobre una pata. Cuando duermen, recuestan la cabeza sobre su lomo.

Los flamencos vuelan sobre aguas profundas.

Los flamencos obtienen sus colores de los alimentos que comen.

Los flamencos ponen la cabeza boca abajo para alimentarse en el agua. Sus **picos** tienen placas en forma de peine. Cuando los flamencos mueven la cabeza, sus picos atrapan la comida. Los flamencos comen semillas de plantas, insectos y criaturas diminutas que se encuentran en el agua.

picos   la parte de la boca de un ave que sobresale de su cara

Los flamencos construyen sus nidos a poca distancia de otros para protegerse.

El macho y la hembra construyen un nido alto con barro. Luego, la hembra pone un huevo. El **polluelo** rompe el huevo al nacer. Los nuevos polluelos **plumón** muy suave. Beben un líquido especial llamado leche de buche. Los polluelos permanecen juntos en grupos llamados guarderías.

plumón las suaves plumas de un ave joven

polluelo un flamenco bebé

Las hienas persiguen a los flamencos en el agua.

Otros animales intentan comer huevos y polluelos de flamencos. Los zorros, otras aves y los grandes felinos son **depredadores** de los flamencos. Los flamencos viven en grupos llamados bandadas para protegerse mutuamente.

depredadores animales que matan y comen a otros animales

Los flamencos graznan y emiten otros sonidos para comunicarse entre sí.

Las bandadas a veces se unen para formar **colonias**. Miles de flamencos buscan comida juntos. Marchan o bailan sobre el agua. Luego buscan aparearse.

colonias grupos de bandadas de flamencos

La gente puede ver muchos flamencos en África y América del Sur. En los Estados Unidos, los flamencos son animales populares de los zoológicos. ¡Es divertido ver estas aves brillantes y coloridas!

Los flamencos a veces usan sus picos para luchar.

Un cuento del flamenco

¿**Por** qué a los flamencos les gusta el agua salada? En América del Sur se cuenta una historia sobre una diosa del agua que sucedió hace mucho tiempo. Ella vigilaba un estanque especial. El estanque era para que todos lo disfrutaran, pero algunos hombres no querían compartirlo. Lucharon contra los guardias de la diosa. La diosa estaba tan triste que lloró y lloró. Sus lágrimas se convirtieron en un lago salado. Los guardias se convirtieron en flamencos que han vivido allí desde entonces.